AF224263

CONSTITUTION DÉMOCRATIQUE

DE LA

RÉPUBLIQUE

FRANÇAISE,

LOI DÉFINITIVE DE L'HUMANITÉ.

PAR

AIMÉ GRIMAUD, Dr M. P.

2ᵉ EDITION. — PRIX : 10 CENTIMES.

PARIS,

IMPRIMERIE D'AD. BLONDEAU, RUE DU PETIT-CARREAU, 32.

1848.

CONSTITUTION

DE LA

RÉPUBLIQUE FRANÇAISE,

LOI DÉFINITIVE DE L'HUMANITÉ.

BUT ET FORME DU GOUVERNEMENT.

Art. 1ᵉʳ. — Tous les citoyens français sont unis solidairement pour se rendre meilleurs et plus heureux, et pour former une grande famille.

Art. 2. — Le faisceau de leurs volontés constitue la souveraineté du peuple.

Art. 3. — Cette souveraineté est proclamée une, indivisible, inaliénable.

Art. 4. — Elle s'appuie sur le suffrage direct et universel et sur la sanction également proclamés.

Art. 5. — Elle se manifeste : 1° directement par l'élection et la sanction ; 2° indirectement par des Représentants, produit de l'élection.

Art. 6. — Elle a choisi pour forme du Gouvernement la forme républicaine démocratique.

Art. 7. — La République française admet deux principes sociaux : Égalité, Liberté, et deux principes religieux : Fraternité, Paternité.

PRINCIPES SOCIAUX,

1° ÉGALITÉ : *Droits, devoirs, hiérarchie.*

Art. 8. — Tous les Français, en naissant et sans distinction de sexe, de race, de fortune, sont égaux en *droit*, et, comme tels, successivement aptes : 1° à l'éducation, 2° à la fonction ou profession, 3° à la dotation, 4° au repos.

Art. 9. — Mais ils sont inégaux en *fait*, par l'intelligence, le sentiment, la force; de là, cette formule : A chacun selon sa vocation et sa capacité. Il ne peut donc y avoir communauté de biens, ni égalité de salaire.

DE L'ÉDUCATION.

Art. 10. — L'éducation *primaire* est obligatoire, gratuite, commune dans les écoles nationales primaires et industrielles, et suivant la vocation et la force, appropriée aux professions pratiques.

Art. 11. — L'éducation *secondaire* est également obligatoire, gratuite et commune dans les lycées; mais, suivant la vocation, conférée à la capacité intellectuelle et dirigée vers la théorie de la science.

Art. 12. — Les *études supérieures* seules, toujours suivant la vocation, sont accordées à l'amour ou capacité sentimentale, propre à harmoniser et à enseigner l'industrie et la science.

Art. 13. — Tous les Citoyens français, sans distinction de sexe, sont donc travailleurs dans la sphère de leur intelligence, de leur amour ou sentiment, et de leur force. De là, 1° les industriels ou praticiens ; 2° les savants ou théoriciens ; 3° les ministres dirigeant ou gouvernant le travail. De là, l'ordre, la hiérarchie de la Société.

Art. 14. — Tout Français qui a donné à la République des preuves de capacité et de moralité, peut se livrer à l'enseignement.

DE LA PROFESSION.

Art. 15. — La profession ou fonction, conséquence de l'éducation, est, comme elle, obligatoire, gratuite et commune dans les écoles, les ateliers et les lycées nationaux.

Art. 16. — Les ministres gouvernant le travail sont seuls chargés de l'éducation et des théories professionnelles, de l'enseignement de la morale générale et spéciale, c'est-à-dire de diriger les enfants vers leur destination sociale et religieuse.

DE LA DOTATION.

Art. 17. — De vingt à vingt-cinq ans, dès que l'éducation professionnelle est complète, tous les travailleurs sont dotés par les banques de l'État, pour qu'ils soient associés.

DU REPOS.

Art. 18. — A soixante ans, et plus tôt pour cause d'infirmités, tous les Français non fortunés obtiennent un repos légitime, fruit du travail, dans les hôtels de la République.

2° LIBERTÉ : *Droits, devoirs.*

Art. 19. — Tous les Citoyens français, sans distinction de sexe, jouissent de la liberté de *droit*, et comme tels, sont aptes à remplir les droits civils et politiques.

Art. 20. — Néanmoins, la liberté de *fait* est subordonnée à l'obligation de travailler et de ne pas nuire à autrui : de là les devoirs.

Art. 21. — La libre concurrence est donc abolie, comme occasionnant la ruine des travailleurs.

Art. 22. — La liberté individuelle est garantie. Personne ne peut être poursuivi, ni arrêté que dans les cas prévus par la loi et dans la forme qu'elle prescrit.

Art. 23. — Le domicile est inviolable, hors les cas déterminés par la loi.

Art. 24. — Le travail est garanti par la République ; ainsi plus de chômage.

Art. 25. — Le service militaire est obligatoire pour tous, et le remplacement aboli.

Art. 26. — La liberté de la presse est illimitée, mais réglée par les devoirs, et la censure, sous quelque forme que ce soit, à jamais abolie, de même que le timbre et le cautionnement.

Art. 27. — La propriété est inviolable et le fruit du travail.

Art. 28. — Toutes les propriétés, meubles et immeubles, doivent être garanties par les assurances de la République, qui seule a le droit de les faire.

Art. 29. — Elle seule aussi sera propriétaire des chemins de fer et des terrains communaux, après indemnité préalable.

Art. 30. — Elle peut exiger le sacrifice d'une propriété pour cause d'utilité publique légalement constatée, mais avec une indemnité préalable.

Art. 31. — Les successions collatérales au sixième degré sont abolies.

Art. 32. — L'impôt est progressif, soit pour les biens, soit pour les successions.

Art. 33. — Il n'y a plus ni vénalité, ni hérédité des offices publics : tout Français est libre de les exercer. La République indemnisera les détenteurs actuels, s'il y a lieu.

Art. 34. — Tous les citoyens français jouissent de la liberté de s'assembler, et de discuter paisiblement et sans armes.

PRINCIPES RELIGIEUX.

1° FRATERNITÉ : *Travail, mariage, religion.*

Art. 55. — Tous les peuples ne se composant que de frères et de sœurs suivant le christianisme, l'antagonisme est aboli.

Les Français sont tous unis les uns aux autres par des liens d'intérêt au moyen du travail, et d'amour, soit de sexe à sexe au moyen du mariage, soit envers Dieu au moyen de la religion. De là trois sortes d'associations.

1° ASSOCIATION OU ORGANISATION DU TRAVAIL.

Art. 56. — La République française proclame comme loi définitive l'association ou l'organisation pacifique et universelle du travail.

Art. 37. — Le *but* de l'association est l'amélioration matérielle et morale de tous par tous, par le travail, c'est-à-dire, par l'abolition de l'oisiveté.

Art. 38. — L'*objet* du travail matériel est l'exploitation et l'embellissement du globe, et non l'exploitation de l'homme par l'homme, qui est abolie. Ainsi plus d'esclaves, ni de serfs.

Art. 39. — La *fin* du travail est la production des richesses pour le bien-être de tous, et la prédominance de la force intelligente sur la force brutale, du pouvoir de l'industrie sur le pouvoir du sabre.

Art. 40. — L'industrie est donc la reine de la République, la loi fondamentale de son existence.

Art. 41. — La République possède en conséquence des écoles, des lycées et des ateliers nationaux, dans lesquels on apprend, on perfectionne, on harmonise le travail.

Art. 42. — Tous les travaux entrepris, exécutés, harmonisés par les praticiens, les savants, les ministres gouvernant le travail, se font par association.

Art. 43. — Toute entreprise, quelle qu'elle soit, doit donc se faire par association.

Art. 44. — Toute association peut s'asseoir : 1° sur deux capitaux égaux; 2° sur un capital et une industrie nouvelle; 3° sur le capital et le travail.

Art. 45. — La production est réglée sur la consommation, de manière à diminuer le travail.

Art. 46. — La durée quotidienne du travail est de dix heures.

Art. 47. — La rétribution du salaire est formulée en ces mots : A chacun selon sa capacité, à chacun selon ses œuvres.

Art. 48. — Les ministres dirigeant le travail, non-seulement président, comme il a été dit, à l'éducation, mais encore confèrent la profession, la dotation, le repos, en d'autres termes, à chacun sa part d'amour, de considération et de richesse, que méritent la capacité et les œuvres.

Art. 49.— Enfin, pour complément de leurs attributions, ils sont les législateurs vivants, c'est-à-dire qu'ils ont à leur disposition la législation pénale et rémunératoire, et l'artiste même. Ils sont choisis par la sanction et l'élection.

2° ASSOCIATION DES SEXES OU LIENS DU MARIAGE.

ART. 50. — Les liens du mariage se formeront suivant le Code civil, qui admettra l'égalité des droits entre les époux.

ART. 51. — Ils ne sont point indissolubles; le divorce est rétabli. Une loi en réglera les formes.

ART. 52. — Tous les enfants d'une femme fille, veuve, mariée ou remariée porteront son nom. De cette manière, il n'y aura plus d'enfants illégitimes, naturels ou bâtards, ni d'enfants trouvés, d'enfants adultérins, de crèches, d'infanticide.

ART. 53. — Le célibat est proscrit vers l'âge de vingt ans. Ainsi les vœux religieux et perpétuels sont défendus.

ART. 54. — La prostitution et le concubinage sont interdits et punis.

ART. 55. — L'adultère constaté est puni.

3° RELIGION OU UNION DES FRANÇAIS POUR ADORER DIEU:

Morale, culte.

ART. 56. — La religion chrétienne, fondée sur la fraternité, et destinée à amener l'unité humaine, est la religion de la République française.

Art. 57. — Néanmoins la liberté religieuse est garantie : chacun obtient pour son culte une égale protection.

Art. 58. — Les communautés religieuses sont tolérées pour cinq ans.

Art. 59. — Les ministres de tous les cultes sont salariés par la République, et les quêtes dans les temples sont interdites.

Art. 60. — Les ministres de la religion chrétienne ne sont point indépendants de l'État.

2° PATERNITÉ : *Providence, Pouvoirs*.

Art. 61. — Le peuple souverain est le père adoptif de tous les enfants âgés de quatre ans : il les confie aux délégués de ses pouvoirs jusqu'à ce qu'ils soient élevés et associés.

POUVOIRS DE LA RÉPUBLIQUE.

Art. 62. — Or, les pouvoirs de la République sont : 1° Le pouvoir exécutif ; 2° Les pouvoirs législatifs, dont l'ordre judiciaire et le conseil d'Etat ressortissent.

1° POUVOIR EXÉCUTIF.

Art. 63. —La puissance exécutive appartient au peuple souverain ; mais il la confère directement par l'élection à cinq directeurs qui nomment huit secrétaires d'État ou ministres à portefeuilles. Les directeurs seuls n'ont point de portefeuille.

Art. 64. — La puissance exécutive propose et promulgue les lois, fait les réglements d'administration publique ; elle ouvre, proroge et ferme les sessions ordinaires à des époques fixes et extraordinaires, s'il y a lieu ; commande les forces de terre et de mer ; déclare la guerre ; fait les traités de paix, d'alliance et de commerce ; veille à la sûreté de tous ; créé, dirige et alimente les écoles, les lycées et ateliers nationaux ; perçoit les impôts ; réglemente et répartit la fortune nationale. Toutefois elle rend compte de tous ses actes à la chambre des Représentants et au Sénat.

Art. 65. — La durée du directoire est de cinq ans, et celle des ministres secrétaires d'État, indéterminée.

Art. 66. — Les directeurs ne peuvent être élus deux fois de suite ; mais ils sont rééligibles et nommés par la chambre des Représentants seule.

Art. 67. — Le pouvoir exécutif doit être entendu par la Chambre représentative et le Sénat, quand ces deux pouvoirs le demandent ou quand il le demande lui-même.

2° POUVOIRS LÉGISLATIFS.

Art. 68. — La puissance législative s'exerce par la chambre des Représentants et le Sénat.

Premier pouvoir législatif :

Chambre des Représentants.

Art. 69. — Elle a l'initiative dans la proposition des lois, de même que le pouvoir exécutif.

Art. 70. — Elle est composée des Représentants de la nation, élus par le suffrage direct et universel.

Art. 71. — Les Représentants sont élus pour cinq ans, mais non la même année que les directeurs de la République.

Art. 72. — La chambre des Représentants est renouvelée par cinquième et se compose de six cents membres. Chaque membre reçoit 25 fr. par jour pendant la session.

Art. 73. — Le président de la Chambre est élu par elle à l'ouverture de chaque session.

Art. 74. — Les séances de la chambre sont publiques, mais deviennent secrètes sur la demande de dix Représentants.

Art. 75. — Toute loi doit être discutée et votée librement par la majorité de la Chambre.

Art. 76. — Toute proposition de loi rejetée ne peut être re-produite dans la même session.

Art. 77. — La Chambre se partage en bureaux pour discuter les projets de lois présentés par les ministres.

Art. 78 — Toute pétition ne peut être faite, ni présentée que par écrit à la chambre des Représentants.

Deuxième pouvoir législatif :

Pouvoir pondérateur.— Sénat.

Art. 79. — Le Sénat est une portion essentielle de la puissance législative. Ses sessions commencent et finissent avec celles de la chambre des Représentants.

Art. 80. — Les membres du Sénat sont nommés par l'élection directe et universelle du peuple français.

Art. 81. — Pour en faire partie, il faut être âgé de quarante ans révolus. Le nombre des membres est de trois cents. Le sénat nomme lui-même son président.

Art. 82. — Ils sont choisis parmi les notabilités scienti-fiques, industrielles, et les ministres gouvernant le travail.

Art. 83. — Ils sont réélus tous les dix ans, mais ils sont immédiatement rééligibles. Ceux qui ne sont pas réélus conservent le titre de Sénateurs honoraires.

Art. 84. — De même que la Chambre des Représentants, le Sénat peut avoir l'initiative dans la proposition des projets de lois, sauf les lois de finances. Les séances en sont également publiques, ou secrètes sur la demande de dix membres. Ils recoivent la même indemnité que les Représentants.

1° Ordre judiciaire.

Art. 85. — La justice émane du Peuple souverain : elle est gratuite.

Art. 86. — L'administration de la justice comprend : la justice commerciale, civile et criminelle, rendue par des juges de premier et de second degré; la Cour de cassation chargée de maintenir l'unité de jurisprudence; enfin des bureaux de conciliation.

Art. 87. — Il y aura : 1° un bureau de conciliation auprès de chaque Tribunal de paix; 2° un Tribunal de paix dans chaque canton, deux par arrondissement à Paris; 3° un Tribunal d'appel par arrondissement; 4° une Cour de cassation divisée en trois Chambres : Chambre civile jugeant définitivement les pourvois en matière civile; Chambre criminelle jugeant définitivement les pourvois en matière criminelle; Chambre des requêtes divisée en deux sections, l'une jugeant les procès administratifs, l'autre les affaires d'octroi et de régie.

Art. 88. — Toutes affaires civiles et commerciales devront d'abord passer au bureau de conciliation; et s'il n'y a pas conciliation, les parties se pourvoieront devant les Tribunaux compétents, savoir :

Pour les affaires civiles, le Tribunal de paix composé d'un juge de paix et de deux assesseurs jugeant en premier et en dernier ressort, suivant la nature et l'importance des contestations;

Pour les affaires commerciales, les conseils de Prud'hommes, composés en nombre égal de chefs d'industrie et de simples ouvriers jugeant en premier ou en dernier ressort.

Les appels seraient, selon la nature des affaires, portés devant les Tribunaux civils ou de commerce convertis en Tribunaux d'appel.

Enfin les pouvoirs portés directement à la chambre civile de la cour, ou Tribunal de cassation.

Art. 89. — Les juges de paix seront élus par les électeurs tous les trois ans et choisis parmi les avocats inscrits au tableau depuis cinq ans au moins. Les Prud'hommes seront élus pour un an, en nombre égal dans chaque industrie. Election à deux degrés pour les Tribunaux d'appels civils ou de commerce.

Enfin la cour de cassation, composée de magistrats à vie, se recrutera par l'élection et sur présentation de candidats à l'Assemblée des Représentants.

Art. 90. — Les débats seront publics en matière criminelle, à moins que cette publicité ne soit dangereuse pour l'ordre et les mœurs, et dans ce cas, le Tribunal le déclare par un jugement.

Art. 91. — Nul ne peut être distrait de ses juges naturels.

Art. 92. — L'institution du jury sera élargie.

Art. 93. — La peine de la confiscation des biens est abolie.

Art. 94. — La contrainte par corps est abolie, de même que la saisie du mobilier industriel.

Art. 95. — La peine de mort en matière politique est également abolie.

Art. 96. — Le pouvoir exécutif a la faculté de faire grâce et de commuer les peines.

Art. 97. — Le code civil sera revisé, et mis en harmonie avec la présente constitution.

2° Conseil d'État.

Art. 98. — Le conseil d'Etat n'aura plus qu'un comité, celui de législation, mais qui se subdivisera en plusieurs sections.

Art. 99. — Il reprendra sa destination primitive : il sera chargé d'élaborer les lois, dont le pouvoir exécutif ou le pouvoir législatif auront senti le besoin.

Art. 100. — Lors de la discussion des lois, les ministres devront être présents : ils auront voix consultative, mais non délibérative.

Art. 101. — Il sera composé de 25 membres, y compris le président, qui seront nommés par le pouvoir exécutif.

Art. 102. — Les directeurs peuvent présider le conseil d'Etat, s'ils le jugent utile.

Art. 103. — La présente Constitution sera soumise à la sanction du peuple français.

Aimé GRIMAUD.

1er mai 1848.